성공의
대열에 선 스타

The Lady of the Rings

Jan Ruhe

김영석 옮김

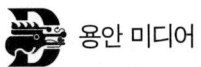 용안 미디어

The Lady of the Rings

Copyright © 2002 by Jan Ruhe
Original English edition published by Proteus Press
Korean translation copyright © 2002
by **Yong-An Media**

판 권 본 사
독 점 계 약

성공의 대열에 선 스타

지은이 · 젠 루

옮긴이 · 김영석

감수자 · 김시중

펴낸이 · 김시중

1판 1쇄 인쇄일 · 2002년 4월 25일

1판 1쇄 발행일 · 2002년 5월 1일

펴낸곳 · 도서출판 용안미디어

주소 · (135-081)서울시 강남구 역삼1동696-25 영성빌딩

전화 · 569-5024(대)

팩스 · 569-5009

등록 · 1994년 2월 25일 제16-837호

가격 · 5,000원

ISBN 89-86151-62-6

∗ 잘못된 책은 바꿔 드립니다.

※ 이 책의 한국어판 번역권은 젠 루의 저작권 관리를 위임받은 업라인 출판사와의 독점 계약으로
   용안미디어에 있습니다. 저작권법에 의해 한국 내에서 보호받는 저작물이므로 법에서 정한 이외
   의 무단 전재나 복제, 광전자 매체의 수록 등을 금합니다.

성공의 대열에 선 스타

The Lady of the Rings

Jan Ruhe

김영석 옮김

거대한 네트워크마케팅 그룹을 구축하는 데
필요한 10개의 연결고리

젠 루

네트워크마케팅의 대가

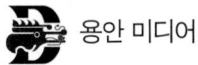 용안 미디어

목차

옮긴이 · 김 영 석

- 인하대학교 기계공학과 졸업
- 제일제당 근무
- BYU-Hawaii대학 인력개발학과 졸업
- Eastern Michigan 대학원 수학(조직행동과 관리)
- 스리랑카 심스 뮤직 지사장
- 한국 네트워킹 대표

동화 속의 이야기를 현실로 만들어 성공자의 대열에 선, 보니 넬슨에게 이 책을 바친다. 그녀는 젠 루의 업라인 이며 회사에서 가장 훌륭한 트레이너이자 회사 설립 이사 였다.

미국 전역에서 이 사업에 종사하는 동료, 특별히 충실과 우정 그리고 지도력을 보여준 지도자들에게 바친다.

1980년, 텍사스주 댈러스에서 젠 화이트가 네트워크마 케팅 사업을 시작하여 새로이 성공의 반열에 오르는 여인 으로 성장하는 삶이 시작되었다. 그후 그녀는 1990년에

결혼하여 젠 루가 되었다…

　　여기에 여러분이 성공적인 사업을 일으키는 데 도움이
되는 10개의 반지가 있다. 이제 즐거운 여행을 시작합시
다…

소　개

친애하는 친구 여러분,

초기 네트워크마케터의 한 명이자 본인이 경영하는 회사의 다이아몬드 세일즈 디렉터로서, 1980년 본인 한 사람에서 시작하여 2001년에는 거의 1만 명이나 되는 거대 그룹으로 성장하는 것을 지켜보는 일은 가슴 설레는 뿌듯한 일이었습니다. 네트워크마케팅이라 불리는 놀라운 구조를 가진 이 그룹으로 인해 나는 내가 꿈꾸던 것 이상의 번영을 가져왔습니다.

자기 성취와 즐거움을 안겨준 이 일은 엄청난 수입과 사업에 대한 경험을 얻게 해주었을뿐만 아니라 전세계의 네트워크마케팅 회사에서 일하는 충실하고, 창의적이고, 지적이며, 특별한 사람들과 함께 일할 수 있도록 해주었습니다. 많은 사람들이 이렇게 말했습니다. "지금까지 있었던 일은 마치 동화 같군요."

사실상 그것은 때로는 동화 같지만, 가장 멋진 동화에도 철저한 현실과 매일매일의 어려움과 좌절은 있습니다.

나는 네트워크마케팅의 기본적인 몇 가지 원리를 수정하고 20년 이상 쌓아온 본인의 지혜를 소개하고자 합니다. 동화의 형태로 쓰여지기는 했지만 그 내용은 결코 가벼운 것이 아니며 나의 소망이 여러분의 것이 되고 여러분에게 기억되고 또 적용되어 여러분의 이야기도 다음과 같은 말로 끝맺을 수 있기 바랍니다… "그후로 그들은 행복하게 살았다."

젠 루

그리 오래 되지 않은
옛날에…

미래의 스타가 태어났다. 그녀는 처음에 자신이 스타가 되리라는 것을 몰랐지만 목표를 갖고 있었다. 그녀는 좀더 돈을 벌어야 했다. 그 이유는 다른 사람들이 원하는 제품을 팔면서, 집에서 아이들을 기르고 재정적으로도 독립하고 싶었다.

이 예비 스타는 아이들 곁을 떠나고 싶지 않았으며 풀타임으로 일하거나 많은 제품을 파는 것이 그리 가치 있는 일이라고 보지 않았다. 그래서 그녀는 자신의 꿈을 나눈 사람들과 함께 노력하여 1980년에 많은 사람들에게 제품들을 팔았다.

그 무렵, 이 예비 스타는 셋째 아이인 애슐리를 낳았다. 이제 그녀는 정말로 세 아이의 젊은 엄마로서, 아이들에게 훌륭한 라이프스타일을 제공해 주겠다는 결심을 하고 사업을 시작했다. 그녀를 막을 것은 아무 것도 없었다. 아이들을 위해 그녀가 될 수 있는 가장 훌륭한 사람이 되겠다는 목표를 세웠다.

예비 스타는 흥분했다. 그녀는 만일 자신이 다른 사람들을 후원하고 그들이 다시 다른 사람들을 후원한다면 여러 단계 아래에 대해서도 장려금을 받게 된다는 것을 알게 되었다. 그녀는 이렇게 말했다. "난 할 거야, 하고 말고, 나를 실망시킬 수 있는 것은 없어."

그래서 그녀는 사업에 정진하여 장차 성공을 거둘 수 있는 다른 사람들에게 기회를 전하기 시작했으며 이 예비 스타가 성공한 스타가 되기까지는 그리 오랜 시간이 걸리지 않았다. 그녀는 다른 사람들이 디스트리뷰터가 되어 성공자의 대열에 설 수 있는 기회를 전했다. 팀을 이루어 사업 기회를 다른 사람들과 나누고 제품과 서비스를 파는 것에 대해 일정한 수입을 올릴 수 있었다.

이것은 무슨 뜻인가? 여러분에게 어떤 의미를 주고 있는가? 여러분도 성공을 거둔 스타가 되는 일이 가능하다는 것인가? 답은 물론 '그렇다' 이다. 돈을 벌 수 있는 기회와 성장 가능성은 무한하다. 현재 스타 대열에 선 사람들은 자유세계 전체 사람들의 수에 비하면 상대적으로 적은 것이다.

성공하여 스타가 될 수 있는 원리를 스스로 이해하도록 돕는 것이 이 책의 목적이고 계속되는 이야기의 내용이다. 이 이야기는 다음과 같은 말 외에는 표현할 길이 없다. "제품과 사업 기회를 나눔으로써 세상을 변화시킬 수 있다는 자부심으로, 그들은 영원히 행복하게 살았다."

그렇다, 여러분이 네트워크마케팅에서
굉장한 사업을 일으킬 수 있는
놀라운 기회가 있는 것이다…

> 성공의 대열에 선 여인이여,
> 네트워크마케팅에서
> 찾는 비결을
> 내게 보여주시오.

하루는 새로운 디스트리뷰터가 성공한 여인에게 다가와 이렇게 말했다. "여보세요, 저는 성공한 여인이 되고 싶은데 무엇을 어떻게 해야 하는지, 그리고 피라미드, 다단계마케팅, 네트워크마케팅이란 말들이 무슨 뜻인지 알 수가 없습니다. 이해할 수 있도록 도와주시겠어요?" 자비심이 많은 그 여인은 다음과 같이 설명해주었다.

"우리는 네트워크마케팅 회사입니다. 왜냐하면 우리 디스트리뷰터들이 최종 소비자 즉, 고객에게 판매를 하기 때문이죠. 그 중간에는 소매상이 없습니다. 우리의 모든 컨설턴트들은 자영업자이며 지역적 제한 없이 누구에게나 제품을 팔거나 사업에 참여하도록 할 수 있습니다.

사람들이 물건을 사재기하며
제품이 판매되지 않고,
종종 장려금 지급에 제한이 없고
소수의 이익을 위해
다수가 손해를 보는 경우에
불법적인 피라미드는 존재하게 된다.

"그렇다면 네트워크마케팅의 진정한 의미는 무엇입니까?" 새로운 디스트리뷰터가 물었다. 성공한 스타는 말했다.

"네트워크마케팅이란, 네트워크, 나아가 마케팅 또는 다단계(엠엘엠-MLM)라고도 하지요." 그리고는 만족스런 미소를 지으며 말했다. "저는 다단계라는 말이 다음과 같은 뜻이라고 들었습니다. 돈을 많이 번다, 인생을 의미있게 만든다, 또는 더욱 사랑을 나눈다. 제 경우는 모두 맞는 말이에요." 그녀는 계속 설명했다.

"'다단계'란, 단순히 하나 이상의 여러 단계를 말하며,

'단계' 란, 그룹 안에서의 질서이며, 그것은 상점이 아닌 그룹의 수많은 사람들이 조금씩 소비자에게 제품을 판매하고 그들이 사업을 시작하여 같은 일을 하도록 도와주는 것입니다. 우리 경우에, 다단계를 이렇게 설명할 수 있습니다…" 그녀는 펜을 꺼내 다음과 같은 원을 그리며 설명했다… 그것은 모두 당신으로부터 시작됩니다.

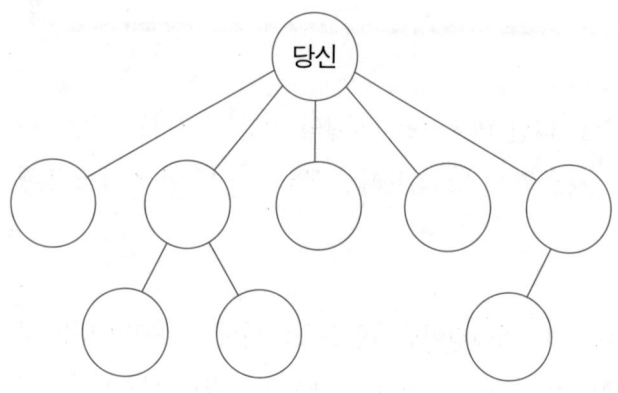

"네, 하지만 이건 피라미드 같지 않습니까?" 디스트리뷰터가 말했다.

"물론이죠, 네트워크마케팅에서 사람들은 세 가지의 일

을 한 것에 대해 보상을 받게 됩니다. 그것은 곧 - 판매, 리크루팅, 리더십에 대한 장려금이라고 할 수 있습니다. 각디스트리뷰터는 제품을 판매해야 하며 네트워크가 확장되도록 하기 위해 모든 사람이 새로운 사람을 후원하여 그들도 같은 방법으로 사업을 하도록 도와주어야 합니다.

우리가 그들을 지도하는 방법은 우리가 하고 있는 것을 그들도 하도록 가르치는 것이며 그리하여 그들도 성공할 수 있도록 하는 것입니다. 모든 종류의 사업, 종교, 조직, 정부, 학교, 백화점 등도 사실, 피라미드 혹은 다단계 형태를 취하고 있습니다."

"내가 네트워크마케팅에 대해 크게 감사하는 것은 자신의 사업과 라이프스타일을 구축하려는 다른 사람들과 더불어 일함으로써 성공적인 사업을 이룩할 수 있는 기회를 주기 때문입니다.

우리는 마치 자영업 사장처럼 모든 혜택을 얻고 자신의 목표를 설정하고 우리가 버는 돈에 대해 제한이 없고 여행의 기회와 세금 공제 등에서 많은 혜택을 받지만 이 사업은 결코 혼자서 하는 것이 아닙니다."

"처음에는 극히 소자본으로 시작할 수 있지만, 우리는 네트워크마케팅을 통해 거대한 비즈니스를 만들어 낼 수 있습니다. 이 사업은 수입에 한계가 있으며 지역에 제한이 있고 성별, 인종, 나이, 교육 등으로 인해 성공이 제한되어 있는 그 어느 사업과도 비교가 되지 않습니다. 나는 여기까지 떠밀려 온 것 같군요. 알고 싶은 것에 대해 충분한 설명이 되었는지 모르겠군요."

"좋은 말씀을 해주셨지만 알고 싶은 것이 더 많군요. 예를 들어, 크고 튼튼한 그룹은 어떻게 만들 수 있을까요?"

"그것을 설명하자면 많은 시간이 걸리겠군요." 여인이 말했다. "귀하의 사업이 성장하는 데 도움이 될만한 몇 가지 원리에 대해 별도로 시간을 내도록 스케줄을 짜고 내가 귀하에게 가르친 것들을 다른 사람에게 가르치고 나의 지혜를 계속 전달할 수 있도록 필기해 나갑시다.

귀하는 결국 얻을 자격이 있는 것 즉, 믿을 수 없는 라이프스타일을 얻게 될 때, 그것은 너무나 가슴 벅찬 일이 될 것입니다. 귀하가 시스템에 따라 움직이기만 한다면 네트워크마케팅은 그 일을 가능하게 해줄 것입니다. 풍요로운 삶이 귀하를 기다리고 있습니다…

"아, 너무나 흥분과 기대가 되는군요." 새로운 디스트리뷰터가 말했다.

그리하여 성공을 거둔 여인과 새로운 디스트리뷰터는 모임 시간을 정했으며 다음은 그들이 여러 모임에서 다룬 내용들이다.

연결 고리 #1
기하급수적인 성장

    지수의 성장이란 무엇입니까? 그것은 '조직 내에서 자신의 조직을 키우는 반면, 당신의 조직이 성장하도록 돕는 사람들의 폭발'을 말합니다. 거대한 조직을 성공적으로 키우려면 당신은 사람이 필요합니다. 그것도 아주 많은 사람이 필요합니다. 사람이 많으면 많을수록 큰 조직을 키울 수 있는, 진짜 성공을 거두는 여인이나 남성이 될 수 있는 사람들을 찾을 가능성이 많습니다.

    나는 다음과 같은 철학을 갖고 있습니다. 왕자를 찾으려면 많은 개구리와 키스를 하라(마술에 걸려 개구리로 변해있는 왕자를 찾아 키스를 해야 그를 구출 할 수 있다는 이야기에서 유래됨). 많은 사람들이 네트워크마케팅 회사에 매료되어 있으나 어느 회사가 개구리인지, 어느 회사가 왕자가 될 지, 알 수가 없습니다. 나는 외관상으로 개구리처럼 보이던 것이 거짓말처럼 왕자가 되었거나 그 반대가 된 경우들을 보아왔습니다.

그러므로 진지하게 사업에 관심을 갖고 있는 사람들이 성공할 수 있는 기회를 얻어야 합니다. 당신이 갖고있는 잠재력을 인정하고 연결 고리의 힘을 이해하는 지도자에게 매료될 때, 당신은 '기하급수적인 성장'을 하는 것입니다. 당신은 이 '기하급수적인 성장'이 어떤 것인지 보여주기 위해 다음과 같은 숫자를 이용할 수 있습니다.

당신은 우선, 진지한 사람 다섯 명과 더불어 일을 시작할 수 있습니다. 그들에게 다시 그들과 더불어 일할 다섯 명을 찾도록 가르칩니다. 잠재적인 성장은 놀랄만한 것이며 그것은 아래에서 보는 바와 같습니다.

$$5 \times 5 = 25$$
$$25 \times 5 = 125$$
$$125 \times 5 = 625$$
$$625 \times 5 = 3,125$$

그것은 개구리인가, 아니면 왕자가 될 가능성을
내포하고 있는가? 다른 사람을 위해 기회의 문을
열어주는 것을 두려워하지 말라!

> 우리는 네트워크마케팅의 사업기회가
> 성공적인 사업이 될 수 있도록
> 각자가 조금씩 자기의 몫을 다하는
> 수많은 사람이 필요하다!

　　이같은 숫자는 믿을 수 없는 것처럼 보이는 경향이 있지만 네트워크마케팅에서는 진지한 사람들이 있기 때문에 그런 성장이 드문 일이 아니라는 것을 알 수 있다. 젠 루의 조직은 1980년에 1명에서 2001년에 2만 명으로 성장했다.

　　우리는 시간과 노력을 기울이는 모든 사람이 성장하는 것을 봅니다. 이번 과에서 주는 교훈은 다음과 같습니다. "나가서 기회를 나누라! 함께 일하고 싶은 사람을 찾고 그들이 갖고 있는 잠재력을 개발하도록 도와주어라!"

　　시간이 좀더 있으니 그저 흥미삼아 단지 하나의 숫자만 더해 기하급수적 성장 요인의 예를 살펴보기로 합시다.
　　한 사람이 여러분의 전체 조직의 구조에 엄청난 차이를

$6 \times 6 = 36$
$36 \times 6 = 216$
$216 \times 6 = 1{,}296$
$1{,}296 \times 6 = 7{,}776$

가져온다는 것이 분명해집니다. 다음 과에서는 이 추상적인 숫자들을 현실로 만드는 절차에 대해 공부하게 될 것입니다. 그리고 너무 흥분한 나머지, 잠자는 것조차 잊게 될 것입니다.

강력한 체인을 만든다

당신이 누군가를 후원할 경우, 당신이 가장 관심을 갖고 그들도 당신에게 관심을 갖는 것은 그 사람을 즉시 가르쳐 48시간 이내에 그 사람이 다른 사람을 후원하고 그 사람과 함께 일할 수 있는 방법을 가르치는 것입니다. 누군가를 후원하고 그들과 함께 일하지 않는다면 그들이 중도탈락할 가능성이 높습니다. 그들은 '개구리' 일 가능성도 있으나 어찌되었든 탈락할 것입니다.

그러나 그 동안, 그들이 누군가 후원한 사람이 있다면 당신의 체인은 죽지 않을 것이며 그들은 누군가 장차 성공을 거둔 여인이나 남성이 될 수 있는 사람을 복제했을 수도 있습니다. 당신은 그들에게 무엇을 가르칩니까? 당신의 네트워크마케팅 회사는 뛰어난 파트타임 비즈니스이며 풀타임으로 일할 경우, 막대한 수입을 올릴 수 있다고 가르칩니다.

대부분의 디스트리뷰터들이 제품을 좋아하고 다른 사람들과 그것을 나누고 있지만 그렇게 해서는 결코 많은 돈을 벌 수 없습니다. 1년 동안 많은 상위권 셀러들이 판매하는 것만큼 판매했을 경우, 그들은 수천 달러를 벌 것이라는 사실을 생각해 보십시오.

그러나 거대한 조직을 개발할 경우, 1년이나 2년 동안 벌어들일 수입의 가능성은 그 금액의 4배는 쉽게 넘을 것입니다. 게다가 연결 고리 #1에서 다룬 '기하급수적 성장'을 기억하십니까? 개발된 기반을 근거로 한, 미래의 성장은 어떤 다른 종류의 사업에서 벌어들일 수 있는 수입을 능가할 것입니다. 열쇠는 여러분이 사업에 대해 가르친 것을 다른 사람에게 가르칠 줄 아는 사람을 찾는 것입니다.

여기에는 다단계의 지원 즉, 우리가 배운 것을 다른 사람에게도 그렇게 하도록 가르치는 상호 간의 지원이 포함됩니다. 그것은 이 사업에서 매우 자연스런 것입니다. 대부분의 디스트리뷰터는 그들이 직업적으로 성공했든, 못했든

간에 천부적인 교사가 됩니다. 그 단계를 보면 다음과 같습니다.

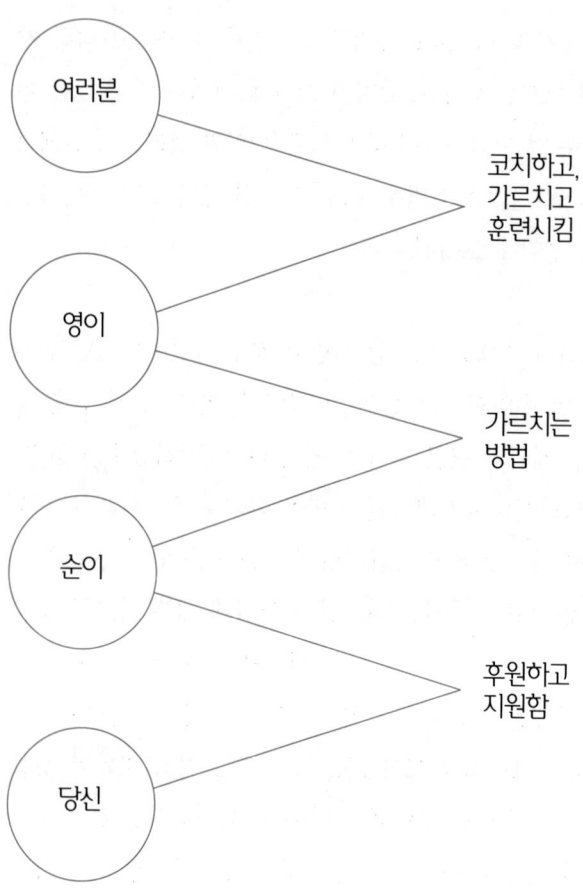

다른 사람들을 코치하도록
여러분의 다운라인을 코치함

　　여기 다른 사람을 코치하여 그들이 또 다른 사람들을 코치하게 하는 젠 루의 6단계 방법이 있습니다. 그것은 여러분의 상황을 통제하는 직접적인 통제의 문제입니다. 우리는 이것을 어떻게 합니까? 디스트리뷰터들에게 모범을 보여줌으로써 그들을 도와줄 수 있습니다. 그들에게 우리가 하려는 일을 말해주고 그들로 하여금 우리를 지켜보게 합니다.

　　그들을 위해 모집할 가능성이 있는 사람이 있는 경우, 우리가 그들을 위해 모집해주지 않더라도 스스로 자신감을 갖고 할 수 있도록 말할 내용을 가르칩니다. 우리는 그들이

다른 사람들을 코치하여 반지의 숙녀나 반지의 제왕이 되도록 하는 여섯 단계

1. 그들이 배울 내용의 목적을 설명한다.

2. 그들에게 여러분이 할 수 있다는 것과 예를 보여주어 그들을 리드할 수 있다는 것을 보여준다. 여러분 스스로 기꺼이 하고 싶지 않은 것을 절대로 다른 사람에게 하도록 부탁하지 않는다.

3. 그들과 더불어 일하라. 할 수 있다면 그들과 함께 가거나 전화 또는 e-메일로 코치하라.

4. 그들이 하고 있는 바를 이해하도록 돕는다.

5. 그들을 코치하여 스스로 일할 수 있다는 자신감을 갖게 한다.

6. 그들을 코치하여 그들로 하여금 다른 사람도 똑같이 코치하도록 한다.

성공하도록 지원합니다. 그들이 다른 사람을 모집하고 올바른 방법으로 후원하는 것을 두려워하지 않고 열의를 갖도록 '기하급수적 성장'에 대해 설명했습니다.

"네, 이제 점점 분명해집니다. 그러나 어떻게 그들에게 자신감을 갖게 하여 그들과 함께 일할 사람들을 코치할 수 있는지 좀더 알 필요가 있습니다."라고 디스트리뷰터가 말했다.

"이제 바로 그것을 말하려고 합니다."라고 성공한 여인이 말했다.

성공에 필수적인 요소들

성공을 거둔 모든 사람들은 기본적인 단계를 밟았기 때문에 그렇게 할 수 있었으며 놀라운 사실은 당신과 당신이 모집한 사람들도 똑같은 기회를 갖고 있다는 것입니다. 이 것을 가장 단순한 용어인 **A, B, C** 혹은 **1, 2, 3**을 이용하여 설명해봅시다.

A-B-C

A=Attitude(태도) : 태도는 성공을 거두는 데 기본적인 요소입니다. 당신의 긍정적인 태도, 디스트리뷰터에게 보이는 모범은 그들이 행하고 성취하려는 일에 대해 올바른 태도를 취하게 합니다.

B=Believe(믿음) : 제품을 믿고 그것이 소비자들을 어떻게 도울 수 있는지를 믿는 것은 필수적인 일입니다. 당신은 몸소 그것을 사용하고 다른 사람들에게 사용법을 가르쳐야 합니다. 또한, 회사를 믿고 회사가 다른 사람들에게 제공하는 기회를 믿어야 합니다.

　　C=Commitment(다짐) : 당신은 성취하고 싶은 것을 꼭 이루겠다고 자신과 업라인에게 다짐해야 합니다. 다짐이란, 하려는 일에 대해 목표를 세우는 것이며 시간에 대한 다짐도 의미합니다. 바라는 것만으로는 이루어지지 않습니다. 시간과 노력이 일을 성취시켜 줍니다.

그것은 우리를 1-2-3으로 이끌어줍니다,
1, 2, 3

　　우리는 어떻게 새로운 디스트리뷰터가 활동하도록 합니까?

　　샘플 키트에 **투자**하고, 제품을 사용하고, 제품을 신뢰합니다. 다른 사람에게 제품을 **전합니다.**

A-S-K(부탁한다) 다른 사람에게 당신의 사업에 참여하도록 부탁합니다. 팀(Team)이라는 말에서 '나(I)'란 있을 수 없습니다. 성공적인 거대한 팀을 만든다는 것은 함께 만들고 일한다는 것을 의미합니다.

A는 Attitude(태도)를 나타냅니다. 여러분의 태도가 올바르다면 사람들은 여러분 주위에 있기를 바라며 팀의 일원이 되기를 바랄 것입니다. 열정은 또 다른 열정을 낳습니다.

S는 Sincerity(진지함)를 나타냅니다. 사기꾼같은 사람들은 이 사업에서 오래 견디지 못합니다. 당신이 순수하게 다른 사람들을 도와주고 싶고, 순수한 마음으로 그들이 성공하기 바란다면 그들은 그것을 알 것이며 여러분은 '되'로 준 것을 '말'로 되돌려 받게 됩니다.

K는 Knowledge(지식)를 나타냅니다. 우리는 자신과, 제품과, 사업 그리고 다른 사람들에 대해 꾸준히 배웁니다. 결코 모든 것을 다 안다고 생각하지 마십시오. 모든 기회를 활용하여 더 배우고, 모임과 컨벤션에 참석하고, 지식을 향

상시키도록 하십시오. 훌륭한 책과 테이프를 통해 정신을
살찌우십시오. 여러분이 바라는 라이프스타일로 살아가는
사람들에게 주의를 기울이십시오.

기초를 튼튼히 한다

성을 공중에 짓는다면 그 성은 사라질 것이며 모래 위에 짓는다면 쓸려내려갈 것입니다. 당신의 네트워크마케팅 조직이 번성하려면 기초를 튼튼히 해야 합니다. 이 사업에서는 모든 사람이 승자가 될 수 있기 때문에 자신을 다른 사람과 비교하고 그들이 얼마나 빨리 가고 있는지 바라보는 것은 아무 소용이 없습니다.

사람들은 종종 내게 이렇게 묻습니다. "나도 당신이 네트워크마케팅 사업을 시작했을 때 했더라면 좋았을텐데…" 나는 이렇게 말합니다. "아니에요. 그렇게 생각하지 마세요." 사실, 초기에는 해볼만한 일이었지만 좌절하도록 만드는 일도 많았습니다.

조직을 구축하기에는 '지금' 이 적기입니다. 당신의 팀은 물론, 회사도 업무나 행정적인 면에서 당신을 도와줄 준비가 되어 있습니다. 이는 과거에는 상상도 못 할 일이었습니다. 사람들은 종종 그들도 내가 성취한 것 만한 크기의 조직을 이룰 수 있겠는지 묻습니다. 그런 질문을 할 때마다 연결 고리 #1에서 다룬 '기하급수적 성장'과 그 가능성을 되돌아 보십시오.

우리 모두는 자신으로부터 시작합니다. 혼자서는 그 일을 할 수 없기 때문에 우리는 다른 훌륭한 사람들을 찾습니다. 회사는 믿을 수 없을만한 프로모션으로 당신과 당신의 디스트리뷰터를 지원합니다. 그러니 가능하면 빨리 새로운 사람들을 움직이십시오. 일부 디스트리뷰터들이 경기에서 탈락하면 어떻게 합니까? 그렇다면 잃어버리는 거죠. 누구보다 느린 사람들도 훌륭한 승자가 될 수 있습니다.

성은 허공이나 모래 위에 짓지 마십시오.
시간이 걸리더라도안전한 땅에 세우십시오.
단단한 암반 위에 넓고 깊게 지으십시오.

모래

부드러운 땅

단단한 암반

성이 무너지지 않도록 어떻게 단단한 기초 위에 지을 수 있을까요? 연결 고리 #2와 #3으로 돌아가 봅시다. 다른 사람들을 가르칠 사람들을 데려오십시오. 기초가 깊을수록 성은 튼튼해집니다.

종종 한 디스트리뷰터가 5명을 후원하고 1단계 지도자가 된 다음, "난 내 목표를 달성했어!"라고 말하고는 더이상 움직이지 않습니다. 그는 성이 휩쓸려내려가는 것을 이해하지 못 합니다. 왜 그런 일이 일어날까요? 그는 후원하는 사람들에게 복제의 기본을 가르치지 않았기 때문에 보호받지 못 한 것입니다. 처음에 한 사람으로 기초를 놓기 시작한다면 깊이 내려가는 일이 가능하지 않지만 연결 고리 #2와 #3에 있는 원리들을 적용한다면 당신은 그 성을 위한 기초가 빨리 그리고 깊이 내려갈 수 있다는 것을 알 수 있습니다.

허공이나 모래 위, 또는 부드러운 땅 위가 아니라 암반까지 파내려가야 그 위에 세워진 성은 오래 갈 것입니다. 성공을 거둔 새로운 여인이나 남성의 이야기가 무성해지면서 해마다 지속적인 수입도 계속될 것입니다.

값진 다이아몬드가 되느냐, 아니면 석탄 그대로 있느냐?

나는 우리가 '왕자'를 찾기 전에, 많은 개구리와 가까이 지내봐야 한다는 비유를 했습니다. 우리는 또한 때때로 조직에 가입시킬 만한 훌륭한 사람을 찾을 때, '가망성 있는'이란 용어를 사용합니다. 가망성을 살펴본다는 것은 사람들에게 다른 사람의 소개를 부탁하고, 부탁하고 또 부탁하는 것을 의미합니다.

우리가 바라고 원하는 사람은 다이아몬드에 비교할 수 있는 약간 '보기 드문' 사람입니다. 첫눈에 다이아몬드라는 것을 알아낼 수 있는 방법은 없습니다. 큐빅 지르코니아는 다이아몬드처럼 보이며 그것을 시험해보지 않고는 그것이 진짜인지, 가짜인지 알 수가 없습니다.

> 다이아몬드는 단지
> 강한 압력으로 만들어진
> 석탄덩어리일 뿐이다.

당신은 아마 예전에 이런 표현을 들어본 적이 있을 것이고 우리가 토론할 때 적용할 수 있을 것입니다. 석탄덩어리처럼 보이는 것이 이 사업에서 다이아몬드가 될 잠재력을 갖고 있을까요? 물론 그것은 석탄덩어리 그대로 있을 수도 있고 큐빅 지르코니아가 될 수도 있습니다. 그것은 아름답기는 하지만 장기적인 고유의 가치는 없습니다.

우리가 석탄덩어리를 보게 되면 그것을 그대로 내버려둡니까? 아니죠! 우리 모두는 석탄덩어리부터 시작합니다. 각기 다른 상황이 우리 인생을 만들고 이 사업은 다른 사람의 인생을 극적으로 변화시킬 가능성을 갖고 있습니다. 그렇다면 이 석탄이 어떻게 다이아몬드가 될 수 있는지 혹은 다이아몬드가 될 것인지 알 수 있습니까? 우리는 그들을 후원하고 코치하고 그들의 반응을 지켜봅니다.

> 그것은 다이아몬드인가,
> 큐빅 지르코니아인가, 아니면 석탄덩어리인가?
> 시험해보고 찾아내야 한다.

다이아몬드는 다음과 같은 방법으로 빛을 발하기 시작한다. 그들은 흥분하고, 긍정적이고, 당신은 그들 주위에 있는 것을 좋아합니다. 그들은 질문하고, 대답하고, 제품과 이 사업을 좋아합니다. 만일 석탄덩어리가 일정한 시간이 지난 다음에도 변하기 시작하지 않는다면 어떻게 하시겠습니까? 다시 시도해 보십시오. 다시 이 사업과, 모임과, 컨퍼런스에 참가시키도록 해보십시오. 그래도 여전히 다이아몬드의 특성들을 나타내지 않는다면 석탄덩어리 그대로 놔두십시오. 당신은 최선을 다한 것이며 이제 시간과 노력을 다이아몬드에 쏟아부어야 합니다.

그들이 더욱 빛을 발하고 더많은 다이아몬드들을 끌어들일 수 있도록 도와주어야 합니다. 큐빅 지르코니아는 함께 일하는 동안, 당분간은 매력적으로 보이지만 다이아몬드로 결코 변하지는 않습니다. 왜 그럴까요? 그것은 다이아몬드처럼 강하거나 단단하지 않기 때문입니다. 그것은 바로 이 사업은 물론 다른 어떤 분야에서도 성공하기 위해 때로는 필요한 뜨거운 열과 압력에 의해 만들어지지 않았기 때문입니다. '다이아몬드들'은 역경으로부터 되돌아가 계속 빛을 발합니다.

당신의 석탄과 큐빅들은 결국 당신과 당신의 다이아몬드들에게 어떤 일이 일어나는지 보고 변화할 것입니다. 그렇게 되면 좋은 일입니다. 그러나 파레토 이론 즉, 조직의 20%에 해당하는 사람들이 사업의 80%를 좌우한다는 것을 기억하십시오. 다이아몬드에 집중하십시오… "당신이 있을 곳에서 강한 자들을 돕고 약한 자들은 길가로 떨어져 나가도록 하십시오."

이 말이 귀에 거슬리거나 잔인하게 들립니까? 그것은 우리가 약한 사람들을 돌보거나 그들에게 도움을 주는 일을 중단한다는 의미가 아닙니다. 그것은 우리가 변화시키거나 통제할 수 없는 일에 쓸 데 없이 시간을 보내거나 노력을 기울일 필요가 없다는 의미입니다. 가치 있는 것에 집중하고 그런 것을 찾아보십시오. 다이아몬드는 여자들이 가장 좋아하는 것입니다.

안전지대

내게는 실패할 수 없다는 것을 알고 있는 안전지대가 있었습니다.

열심히 일하고 있는 네 개의 똑같은 벽은 마치 감옥과 같았습니다.

나는 전에 해 본 적이 없는 일들을 하고 싶었습니다.

그러나 내 안전지대 안에서 똑같은 바닥을 걸어다녔습니다.

나는 상관없다고 말했습니다.

나는 많은 일을 하지 않았습니다.

나는 다이아몬드나 모피 제품과 같이 일들을 돌보지 않았다고 말했습니다.

나는 내 지역 안에서 여러 가지 일들로 너무 바쁘다고 주장했습니다.

그러나 마음 깊은 곳에서는 뭔가 자신만의 특별한 어떤 일을 그리워하고 있었습니다.

나는 다른 사람들이 승리하는 것을 바라보면서 내 인생을 그렇게 보낼 수는 없었습니다.
나는 숨을 죽이고 변화가 시작되도록 밖으로 나갔습니다.

나는 전에는 결코 느껴보지 못한 새로운 힘으로 발을 내딛고 내 안전지대에 입맞춤 하면서 "굿바이!"라고 말하고는 문을 닫고 잠가버렸습니다.

당신이 만일 안전지대에 있다면 밖으로 모험하기는 두려울 것입니다.
모든 승자들도 한때는 의심으로 가득차 있었음을 기억하십시오.

한두 발자국과 몇 마디 칭찬이 꿈을 실현시켜 줍니다.
미소로 미래를 맞이하십시오. 성공이 당신을 기다리고 있습니다.

연결 고리 #7

황금 거위를 찾아라

이번 연결 고리는 앞서 토론한 가망성 있는 것을 찾는 것과 관련 있으며 왕자에 대해 토론한 내용으로 돌아갑니다. 이번 예에서 우리는 황금 거위에 대해 이야기하겠습니다. 우리는 모두 '다이아몬드' 처럼 빛낼 사람과 '황금 거위' 가 될 사람을 찾고 싶어 합니다.

앞의 내용에서 우리는 모집 요청에 대해 토론했습니다. 이 문제는 성공적인 거대한 조직의 구축에 있어 절대 필요한 것이므로 더욱 강조하고자 합니다. 사람이 그것을 자기 것으로 하기까지 그들은 조사하고 자주 질문해야 합니다. 그렇지 않으면 성공을 거두지 못 합니다.

> 디스트리뷰터들은 해야 할 말을
> 공부해야 하고, 다른 사람들에게
> 기회를 제공하기 위해 그들이
> 갖고 있는 개성에 적절한
> 더많은 대본을 갖고 있어야 한다.

　　사람들은 왜 더이상 질문하지 않는 것일까요? 종종 그 것은 거절당하지 않을까 하는 두려움 때문이고 누군가 "아 니오"라고 말하면 더이상 질문을 주저하게 됩니다. 그들이 해야 할 말이나 대본을 갖게 되면 그것은 안전지대에서 걸 어나오도록 하는 것을 의미합니다. 놀라운 일은 우리가 더 많이 걸어나올수록 더욱 자연스럽게 느껴진다는 것입니다.

　　당신이 활동하고 있는 것을 사람들이 보도록 하십시오. 그들이 올바른 말을 하도록 함께 노력하십시오. 다음과 같 이 말하는 사람 앞에서 무례하게 구는 사람은 없을 것입니 다. "당신은 우리 제품을 기가 막히게 팔 것 같은데요. 그 것에 대해 생각해 보신 적 있습니까?" 내가 진지한 태도로 이렇게 말한다면 그는 기분이 상하지 않을 것입니다.

만일 그들이 그런 일을 할 수 없을 것처럼 보인다면 나는 그들에게 그들이 알고 있는 다른 사람 즉, 이 일을 할만한 사람을 알고 있는지 물을 것입니다. 내 그룹에서 성공을 거둔 많은 '황금 거위'들은 소개를 받은 결과로 나왔습니다. 다른 사람에게 접근할 수 있는 또 다른 방법은 세 번째 파티 초대를 통한 것입니다. 당신은 다음과 같이 말할 수도 있습니다.

"보니, 난 이 지역에서 네트워크마케팅 사업을 확장하고 싶은데, 나와 함께 일할만한 사람을 알고 있나요?" 단지 다음과 같은 말만 하세요. "회사에서는 내게 이달 말까지 이 지역에서 중요한 디스트리뷰터가 될 새로운 사람을 다섯 명쯤 물색하라는 책임을 맡겼는데 기꺼이 참여할 수 있을 만한 사람들을 알고 있나요? 보니는 자신이 참여하면 어떨지 묻거나 누군가를 소개해줄 것입니다.

사람들은 예비 사업자가 되기 전에 의심해본다는 것을 기억하십시오. 당신은 상당히 좋아보이는 리드를 얻었을 때, 그것을 준 친구가 그가 잘해낼 것이라고 했기 때문에 좋아하게 됩니다. 왜 황금 거위를 얻으려고 합니까? 황금 알을 낳기 때문입니다. 황금 알을 많이 낳을수록 그들은 성공을 거두게 되며 여러분도 더욱 성공을 거두게 됩니다. 많이 부탁하면 할수록 황금 거위를 찾을 기회는 많아집니다.

성공을 거둔 여인은 자신의 라이프스타일을
위해 열심히 일했다.
그녀는 한 사람이 다른 한 사람을 후원하는
연결 고리의 힘을 이해했다.

열정을 나누는 것은
의기를 높이는 것이다

　　조직에 있는 사람들을 위한 모임이나 그들과 함께 모일
수 있는 기회는 대단히 중요합니다. 당신은 사업에 대한 지
식과 그에 대한 열정 그리고 그것이 주는 기회의 관점에서
나눌 것이 많습니다. 한두 명이 아니라 그룹과 함께 할 때,
얼마나 많은 에너지가 생기는지 아십니까? 고등학교 시절,
응원하던 일을 기억하십니까? 모든 학생들은 자기 팀이 이
기기를 바라는 공동의 목표를 갖고 있기 때문에 몹시 들떠
있습니다. 사람이 많을수록 응원은 재미있습니다. 당신이
계획하는 행사에는 적어도 서너 명은 참가하도록 하십시
오. 당신이 하고 있는 일을 나누고, 네트워크마케팅 정보를

나누고, 연결 고리를 그리십시오. 당신이 지금까지 한 일들을 나누고, 모인 사람들에게 다음 팀 미팅에서 그들이 한 일을 보고하도록 과제를 주십시오. 열정을 나누는 것은 의기를 높이는 것임을 기억하십시오.

연결 고리 #9

지글거리는 수프 조리법-
계속 분발함

앞의 내용에서 우리는 진지한 다섯 사람을 찾아 그들로 하여금 당신이 성공적으로 해낸 일을 하도록 코치함으로써 '기하급수적 성장'이 얼마나 가능한지 토론했습니다. 우리는 또한, 개구리와 왕자, 다이아몬드와 석탄, 그리고 황금 거위에 대해서도 이야기를 나누었습니다. 튼튼한 기초를 세우고 모임과 훈련을 통해 네트워크마케팅에서 함께 일하는 사람들을 지원하는 문제도 토론했습니다. 그러나 팀이 계속 성장하도록 돕기 위해 자신에게 어떻게 지속적으로 동기를 부여할 수 있겠습니까?

그에 대한 답은 내 지글거리는 수프 조리법에 있습니

다. 맛있는 수프를 끓이려면 재료를 정확히 알아야 합니다.

사업의 경우, 정확한 재료에는 사업에 대한 열의를 가지고 사람들을 데려오는 사람들이 포함됩니다. 그들을 모두 큰 냄비에 넣고 물을 부은 다음, 각자에게 온도 가치를 정합니다. 내가 후원하는 사람은 5℃, 당신이 후원하는 사람들은 10℃, 그리고 그들이 후원하는 사람들은 20℃, 40℃입니다. 왜 그렇습니까? 왜냐하면 당신의 세 번째 라인이 움직이면 그들은 당신의 수프를 뜨겁게 하고, 두 번째 라인은 열을 받아 당신의 첫 번째 라인과 업라인이 끓도록 합니다. 이 모든 온도를 함께 모으면 머지않아 당신의 수프는 지글거리고 끓을 것입니다.

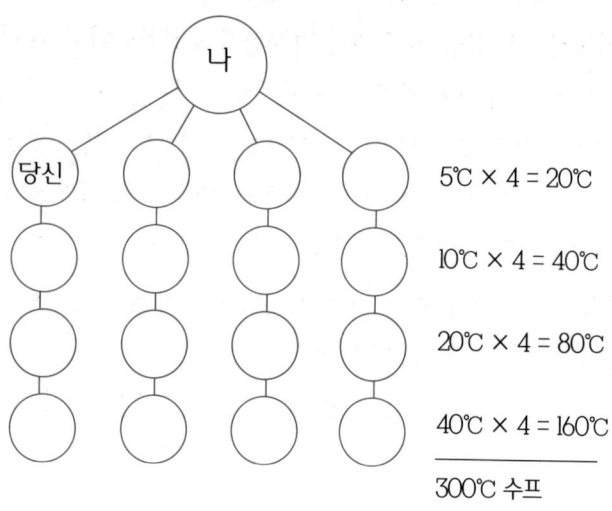

5℃ × 4 = 20℃

10℃ × 4 = 40℃

20℃ × 4 = 80℃

40℃ × 4 = 160℃
_____
300℃ 수프

당신의 수프에는 사업에 대한 열의를 갖고 있는 사람들로 가득 차도록 하십시오. 온도가 300℃까지 올라가는지 지켜보십시오. 그러나 만일 라인 중앙에 있는 석탄더미에서 실제로 다이아몬드가 나온다면 어떤 일이 일어나겠습니까? 우리는 그 다이아몬드가 저 아래에서 반짝이는 것을 봅니다. 석탄이 다이아몬드에게 동기를 부여해주기를 바랍니까? 아닙니다. 우리는 손을 내밀어 그를 잡아 우리의 수프에 집어넣습니다. 그 과정에서 우리는 석탄이 열을 받아 뜨거워지도록 동기를 부여하고 그렇게 되면 석탄은 요리를 시작하게 되고 심지어 다이아몬드도 될 수 있습니다.

당신에게 다른 사람들을 후원하여 온도를 300℃로 올릴 수 있는 충분한 사람이 생기면 자신의 수프는 지글거리고 끓을 것입니다. 당신은 되도록 빨리 당신이 후원하는 사람이 자신의 수프 냄비를 갖고 수프를 끓이기를 바랄 것입니다. 당신은 항상 새롭고 진지한 사람들과 함께 일하고자 할 것이며 제대로 하지 않는 사람들에게는 수프를 끓일 수 있는 불을 지피고 독자적으로 일할 수 있는 용기를 갖게 해 줄 것입니다. 수프가 오래오래 지글거리고 끓도록 열정과 공감과 이해와 즐거움을 더하고 그것을 지켜보아야 합니다.

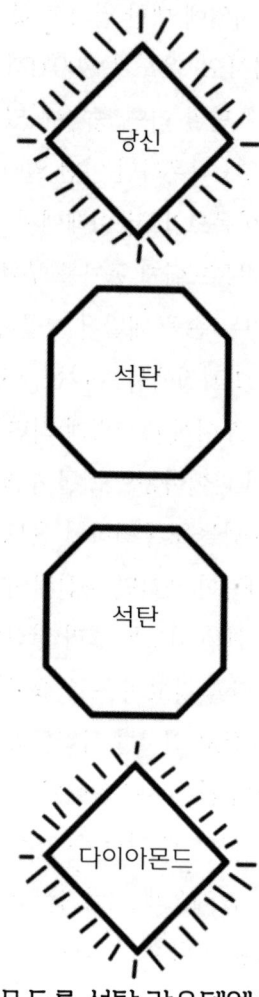

당신

석탄

석탄

다이아몬드

다이아몬드를 석탄 가운데에서 끌어내라!

어디든 뿌릴 수 있는 곳에 씨를 뿌려라.
한두 명의 왕자를 찾을지,
또 다른 성공을 거둔 여인
혹은 성공을 거둔 남자를
찾게 될 지도 모른다.

심지어 용이 당신을 후려친다 해도
당신은 제자리로 되돌아갈
능력이 있다!

연결 고리 #10

용이 후려치더라도
다시 제자리로 돌아감

우리는 재미있는 동화에서 우리를 물러서게 하는 용이나 다른 어려움들을 보게 됩니다. 그렇습니다. 네트워크마케팅은 우리에게 성공을 거둘 수 있는 훌륭한 기회를 제공해주고 있지만 그것이 쉽고 간단한 일이라면 누구나 그렇게 하고 성공을 거둘 것입니다. 그러나 상황은 결코 그렇지 않습니다. 왜 그렇습니까? 너무도 자주 사람들은 매우 작은 방해와 거절과 적은 신념에 의해 좌절합니다.

역경에 처할 때, 항상 제자리로 돌아와 계속 노력하는 것은 쉬운 일이 아닙니다. 우리는 타석에 설 기회가 많을수록 스트라이크 아웃을 당할 가능성도 많지만 경기에서 승

리할 수 있는 적시타를 칠 가능성도 많습니다. 우리가 깨달아야 할 중요한 사실은, 네트워크마케팅에서 당신을 돌보고 당신이 성공하기를 바라는 것은 네트워크마케팅이 아니라 다단계의 지원이라는 것입니다.

오직 당신이 할 일은 당신이 원하는 결과를 이미 얻어낸 시스템에 접속하는 것입니다. 공동의 목표를 갖고 있는 동료들과 관계를 수립하고, 일이 실패할 때, 서로 격려해주고, 일이 제대로 될 때, 기쁨을 나누십시오. 당신은 이 사업에서 성공하는 데 필요한 모든 것을 갖고 있습니다. 태도와 열정을 높이 간직하면 그것은 이루어집니다. 오래된 용이 당신의 삶을 지배하지 않도록 하십시오.

자신이 성취할 것을 내다보고 긍정적인 독백을 통해 자신에게 말하십시오. 자신의 잠재력을 활용할 수 있는 사람은 오직 자신 뿐입니다. 지금 곧 실천하십시오. 지금 곧 실천하고, 분발하고, 어느 누구도 당신의 꿈을 깨뜨리거나 훔쳐갈 수 없도록 하십시오.

성공을 거둔 여인은 새로운 디스트리뷰터에게 이렇게 말했다. "우리는 지난 열 개의 토론을 통해 당신이 사업을 구체화하는 데 필요한 많은 것들을 토론했습니다. 그것은 어려운 것이 아니지만 자기의 것으로 만들어야 하며 그렇게 하겠다고 결심해야 합니다. 당신의 스폰서와 함께 일하십시오. 업라인이 도와줄 것이며 나는 당신도 언젠가는 성공을 거둔 여인이 될 수 있다는 것을 압니다."

디스트리뷰터가 말했다. "나는 마음이 들떠 있고 흥분되어 있습니다. 나는 제품을 사랑하고 사람들과 일하는 것을 좋아하기 때문에 성공하리라는 것을 압니다. 나는 내가 코치하고 훈련시킬 수 있는 사람을 적어도 다섯 명은 찾을 수 있을 것 같습니다. 나는 용이 나를 후려치거나 다이아몬드보다 석탄을 더많이 찾게 되더라도 실망하지 않을 것입니다. 멋진 팀을 만들어 보겠습니다. 그리고 성공한 여성이 되겠습니다."

결국, 그녀는 성공한 여성이 되었으며 그렇게 열심히 일하고 바라던 라이프스타일을 얻게 되었으며 어느 누구도 그녀의 꿈을 빼앗아가지 못 하도록 했다. 그녀는 더 큰 꿈을 갖게 되었으며 네트워크마케팅에서 평생의 일을 찾게 되었다. 그녀는 수많은 사람들의 삶을 변화시켰으며 그녀의 이야기는 오늘날 세계적으로 널리 퍼지고 있다. 그녀는 바라던 모든 것을 얻었으며… 그 후로 행복하게 살았다.

네트워크마케팅
성공과 실패에 대한 20가지
질문에 대한 자기 평가

여러분이 새로운 사람에게 네트워크마케팅의 몇 가지 개념을 가르칠 수 있도록 돕기 위해 다음과 같은 평가 문제를 준비했다. 질문에 대한 모든 대답은 본 책자에서 찾을 수 있다. 처음에 성공하지 못 하면 읽고, 또 읽고, 또 읽으라!

1. 여러분의 회사는 네트워크마케팅 회사로서 어떤 이론적 해석을 갖고 있는가?

2. 여러분의 회사가 어떻게 다이렉트 셀링 회사인지 설명하시오.

3. 여러분은 피라미드를 어떻게 정의하는가? 여러분의 회사는 왜 피라미드로 간주되지 않는가?

4. 다단계 마케팅이 의미하는 바를 설명하라.

5. '기하급수적 성장' 이란 무엇인가?

6. 다음 계산의 답을 적으시오.

   $5 \times 5 =$

   $25 \times 5 =$

   $125 \times 5 =$

   $625 \times 5 =$

   2와 4를 이용하여 같은 문제를 만들어본다. 5와 6의 합계를 비교해본다. 한 사람이 큰 변화를 가져올 수 있는가?

7. 튼튼한 체인을 어떻게 만들어낼 수 있는가? 여러분은 왜 튼튼한 체인을 만들고 싶은가?

8. 다른 사람을 코치하는 데 손쉬운 6가지 방법은 무엇인가?

9. 여러분이 성공하는 데 필요한 A-B-C와 1-2-3은 무엇인가?

10. 여러분은 자신의 성이 보호받을 수 있다는 것을 어떻게 확인하는가?

11. 다이아몬드를 식별하는 방법과 그것이 빛나는 방법 몇 가지를 열거하시오.

12. '파레토 논리'란 무엇이며 그것은 여러분이 조직을 운영하는 데 어떻게 적용되는가?

13. '황금 거위'가 무엇인지 설명한다. 여러분은 그것들을 어떻게 더많이 찾을 수 있는가?

14. 사람들이 함께 모이는 것이 왜 중요하며 몇 사람 정도가 모여야 적절한가?

15. 지글거리는 수프에서 가장 중요한 재료는 무엇인가?

16. '다이아몬드'가 여러 단계의 석탄 아래 숨어있다는 것을 알게 된 경우, 여러분은 어떻게 해야 하는가?

17. 왜 그토록 많은 사람들이 네트워크마케팅에서 포기
하는가?

18. 용이 후려칠 경우, 어떻게 하겠는가?

19. 성공한 여인이나 남성이 될 수 있는 방법을 설명하
시오.

20. 여러분은 자신이 개구리나 석탄덩어리가 아니라는
것을 어떻게 확인할 수 있는가?

나는 여러분이 성공을 거둔 여인이나 남성이
되기를 고대할 것입니다.

"그것은 단지 일이 아니라 인생을 사는 방법입니다."
                                        – 젠 루

저자 약력

우리는 요술 지팡이, 요정, 개구리 및 용이 등장하는 동화에서 낡은 천이 비단 옷이 되고 돌멩이가 귀한 보석이 되는 이야기를 읽는다. 21세기에 있는 요술 지팡이는 우리 마음대로 승진하고, 성취하고, 달성하는 것에서 보여지고 있지만 그것은 우리 내부에 묻혀 있으며 오직 동기 부여를 통해서만 밖으로 나타날 수 있다.

동기 부여와 고무적인 훈련의 마법사로서 세계적 명성을 얻고 있는 젠 루는 동기 부여의 분야에서 신비한 인물처럼 뛰어난 사람이다. 그것은 그녀가 평범한 사람을 진정으로 탁월한 지도자로 만들어 놓는 데서 입증되고 있다.

젠 루는 네트워크마케팅에서 트레이너의 명장으로서

세계적인 명성을 얻었다. 그녀는 결과를 얻는 것은 자신감에 달려 있다고 한다. 그녀는 일생을 살아오면서 폭풍을 피할 수 있는 대피소는 또한 태양을 가리는 장애물이 된다는 것을 배웠다.

여러분은 젠의 논리, 그녀의 말, 낙관론, 열정과 진지함 등에 매료될 것이다. 그녀는 다른 사람들이 자신에 대해 호감을 갖도록 해주고 성취할 수 있는 것을 알게 해준다. 그녀는 가장 우아한 사람이며 다른 사람을 돕고, 배려하고, 생기발랄한 유머 감각을 지닌 사람이다. 일단 루의 마술을 접하게 되면 여러분은 자신이 가장 좋아하는 꿈을 실현시키게 될 것이다.

콜로라도주, 아스펜 2002년